Snežana Stefanović

Serbian Reading Book "Vreme"

Short Stories in Latin and Cyrillic Script

Level C1 = Advanced High

2. Edition

SADRŽAJ – САДРЖАЈ

INTRODUCTION

Six short stories on the theme of VREME, which in Serbian has two meanings: time and weather. The first story, "Vreme zauvek" (Time Forever), tells of time and weather in a positive and life-affirming tone and is dedicated to the well-known Serbian writer and journalist Dušan Radović. The second story, "Vreme ujutro" (Morning Time), describes a very specific moment in the morning that we all know—the moment when we have to get out of our warm beds. The third story, "Vreme u snu" (Time in Sleep), tells of an unusual dream and the time within that dream. The fourth story is about a group of card players and their unique philosophy of life. The fifth story explores a special relationship with time. The final story, "Vremena" (Time), is a conversation between two women—one named Weather and one named Time.

The short stories are written in both Latin and Cyrillic script. A glossary with English translations is included at the end of the book.

For more information, please visit:https://serbian-reader.com

Vreme zauvek

Danas imamo novi dan u godini 2018. – subotu, 25. septembra.

Ali kao prvo želim da kažem nešto generalno za godinu 2018.

Godina 2018. je dobar rekord za ovu planetu. Izuzetan. Još nikada do sada se nije dogodila godina 2018. i mi nismo ništa uradili da bi ona došla. Ali godina je došla, uprkos svemu. Mi smo se čak trudili da je ignorišemo u našem životu – kao svedoka koji zna previše o našim godinama i o našoj životnoj bilansi. Da je godina došla, to je za čestitati, to je veliki herojski podvig. I ne samo to – godina 2018. deli s nama svoj istorijski podvig: ove godine smo imali još nikad doživljen januar, imali smo neponovljeni februar, nezaboravni mart, nezamenjivi maj, jedinstveni juni, poseban juli, originalni avgust. I oni ne mogu više nikad da se ponove. I ova subota, 25. septembra, ne može više nikada da se ponovi. Ona daje ceo svoj život samo za ova 24 časa u kojima mi uživamo. I zato imamo veliku čast da sudelujemo u nečemu velikom, svežem, neokaljanom, neotkrivenom i nedirnutom.

Možda još niste primetili da se današnji dan – 25. septembar – održava u okviru posebne manifestacije. Ta manifestacija se zove „Tradicionalni septembarski dani“. I ovaj dan je takođe u znaku te lepe manifestacije. U tom smislu je dogovoreno da će ova subota da nosi datum 25. septembar. Čovek treba da oda poštovanje toj manifestaciji i treba da je slavi na poseban način. Jer će u njoj da učestvuju svi ljudi srcem i dušom: poštanski službenici će na svim pošiljkama da stave štambilj ovog dana, sve novine će da izdaju posebna septembarska izdanja, a i televizija je pripremila poseban septembarski program. Svakom detetu koje će da bude rođeno u okviru ove manifestacije, septembar će biti upisan kao njegov mesec rođenja. Kao u tradiciji svih pređašnjih godina, korisnici javnog prevoza će da dobiju vozne karte s posebnom oznakom septembra. Sve je to razlog za slavlje i veselje.

Svaki dan dolazi zbog nečega. Zbog čega – to ne znamo ujutro. Ali mnogima će biti uveče jasno – zašto je došla ova subota, 25. septembra 2018. godine. Ko voli subotu, tome mogu da preporučim da uzme baš ovu subotu – ona će da mu bude verna, slediće ga celo vreme i neće biti ostavljen na cedilu. Ona će da ga odvede tamo, odakle je krenuo – u nulti čas, u ponoć. Ako čovek nije budan u to doba, u ponoć, ne treba da bude uznemiren. Subota će sama da ga odvede tamo gde je on započeo taj dan – u krevet. Tako možemo da zaključimo da je današnja subota okrugla, savršena, potpuna i cela u pravom smislu reči. Ona nas vodi ka našem početku, a ne ka našem kraju.

Oni koji ne znaju tačno koji je dan danas, za njih imamo razumevanja – oni znaju da je svaki dan dobar. Za njih je važno da se radi o danu i da je svaki dan deo života. Oni i žive neovisno od pojedinačnih dana, žive samo zato što vole vreme bez obzira kako je ono imenovano.

Možda će danas da pada kiša. Ali to nije razlog za tugu. Ako će da pada kiša, kiša će padati po oranicama i livadama, opraće ulice i ugasiti šumske požare. Ekonomski gledano to su milijarde i milijarde evra. Najveći kredit dobivamo s neba. Bez kamata. Nije li to razlog za radost i zahvalu?

Možda će danas da sija sunce – što nije verovatno jer zadnjih dana je bilo prilično hladno. Ali možda će danas ipak da sija sunce. Ko zna. Možda će nam zima da vrati onaj sunčani dan iz januara. Sećate se kad je prošle zime sunce sijalo u januaru? Kada je sunce ušlo u zimu i ukralo nam jedan zimski dan? I sada taj sunčani dan možda mora da se vrati kao bon. Kao poklon.

Ali da ne dužim – ova subota je već rođena kao čudo, puna tajni, zagonetki, misterija i iznenađenja. Ovaj dan je kao veliki hleb koji će nas da učini sitima. Možda ćete hteti da proglasite ovaj dan kao vlastiti uspeh i pobedu. – E to ne ide. To nije Vaša pobeda niti Vaš uspeh. Ali Vi ste obavezni da sudelujete u njemu i da date sve od sebe. TO je vaš uspeh i pobeda u ovom danu.

Vreme ujutro

Ah, kako je lepo biti u krevetu i spavati!... Pogotovo ujutro, kada je napolju još uvek noć i hladno je. Još kada pada sneg, onda je spavanje lepše od najlepšeg rođendana.

Ležiš u krevetu i tvoj jorgan te greje. Greje? Ne, on te mazi. On ti govori kako te voli i kako želi da ostaneš u krevetu.

Moj jorgan mi govori, na primer, tako tiho da samo ja mogu da razumem: „Lucija, ostani sa mnom... Tako nam je lepo!... Nemoj da ustaneš i ostaviš me. Nemoj da ideš na posao. Vidiš kako nam je ugodno i fino...“ Recite, ko može da odoli takvim rečima? Ko želi da ide napolje u noć i hladnoću? Kad je njegov krevet tako veran.

Ali nemojte da mislite da sam ja slab karakter. Ne, nisam. Ja naravno mičem jorgan, sedam na krevet i kratko razmišljam. Da, posao. Trebam na posao. I to kratko razmišljanje, da, tih par sekundi, moj krevet počinje da plače. Da, znam da to zvuči ludo, ali to je istina. Ja ne znam kako je to s vama, ali moj krevet je veoma nesrećan kada ja ustanem i želim da ga ostavim. On me pita: „Lucija, hoćeš da mi kažeš da ti je lepše biti negde drugde, a ne sa mnom? Ha?" I onda još malo plače. Moj topli nežni verni krevet.

I šta ja mogu da uradim?

Javljam na poslu da je veliki prometni zastoj u gradu i da ću da kasnim na posao. Da, zastoj, noć je, vozači su nervozni jer su morali da ustanu još dok je noć. A i hladno je, novembarsko vreme, vetar je već odavno doneo miris zime.

Vreme u snu

San je neobična stvar. To svako zna. Ali za mene san je neobičan jer je u snu vreme veoma interesantno. Kada čovek sanja, onda se s vremenom događa čudna transformacija. Vreme nestane ili se ubrza.

Ubrza se onda kada imamo osećaj da kasnimo i da nismo nešto uradili na vreme. Ne u snu, nego u javi. Znate li onaj san kada pokušavate negde da dođete ili nešto da uradite a to ne uspevate? Sigurno poznajete takvu situaciju. Ja je poznajem veoma dobro. I ne volim takve situacije. A takve situacije sanjam često. Moram nešto da uradim što je nemoguće i to ne uspevam. Mislim, možda je to i moguće, ali zbog toga što kasnim, to ne uspevam. I onda se pitam u čemu je problem? U meni i mojoj nesposobnosti ili u vremenu i njegovoj prirodi? Ako sam ja problem, onda moram ja da se menjam – ako je problem u vremenu, onda to nije moj problem. Ja sam sposobna, ali vreme jednostavno nije na mojoj strani.

I najzad sam juče sanjala san koji mi je dao odgovor na tu moju dilemu.

Sanjala sam da sam bila na gradskoj plaži na moru. Htela sam da se okupam i spustila sam se stepenicama u more. No kad sam htela da zakoračim na zadnji stepenik, iznenada sam u rukama držala konopac koji je bio privezan za neki veliki gliser. Pogledala sam noge: na nogama sam imala skije za skijanje na vodi. I pre no što sam mogla išta dalje da pomislim, već me je gliser vukao po vodi.

Bio je to vrlo ugodan osećaj, to skijanje na vodi. Letela sam iznad vode. Bio mi je to potpuno novi osećaj pošto se nikad u životu nisam skijala na vodi.

Gliser me je sigurno vukao, vetar je prolazio kroz moje telo kao da ga nemam, a ravna površina mora je – začudo – ostajala posle mene onakva kakva je i bila. To znam jer sam se jednom okrenula i pogledala more. "Možda nemam tela?", palo mi je na pamet u tom trenutku. „Možda uopšte ne postojim ako ne ostavljam tragove?"

No dobro sam znala da postojim. Najsigurnija stvar na svetu

je da postojiš u svom snu. Sve ostalo je iluzija.

Potom sam osetila kako je vreme stalo. Ne znam kako sam to znala, ali – jednostavno sam znala. I to je lepo u snovima: znaš nešto a da ne znaš kako to znaš.

I onda – onda se pojavila veoma neobična slika:

Videla sam na obali mora mnogo ljudi. Ljudi su stajali i nešto su govorili. Svi su gledali mene i gliser. Oni su bili daleko, ali ja sam videla da su bili veseli. Komentarisali su očito moje skijanje. Neki ljudi su aplaudirali. Kako je to bilo lepo!

Svako voli da mu se aplaudira kad nešto lepo i dobro uradi, zar ne? Svako voli da izgleda uspešan. Ja nisam izuzetak. Ja inače dobivam samo kritike i jako sam nesrećna zbog toga. Moj šef često viče, nije nikad zadovoljan s mojim poslom. Moja porodica je prestala da govori kako nešto dobro radim. Ja znam da me moja porodica voli, ali komplimente od nje nisam dugo dobila.

Odmah potom sam se probudila.

Prvo što sam pomislila je bilo:

„Krajnje je vreme da promenim sebe: treba da nađem novi posao i da razgovaram s mojom porodicom.

Vreme nije ništa krivo."

„Naše vreme“

"Poštovane dame i gospodo,

Moram da Vam saopštim da je prošle nedelje nakon kratke i neočekivane bolesti umro Mijat Mladenović, naš dragi kolega i poslednji član grupe „Naše vreme“. Ja, Ostoja Ilić, kao predsednik naše grupe za igranje domina, imam tužnu obavezu da Vam kažem da smo izgubili vizionara i izuzetnog čoveka. On je bio izuzetan talent, nosio je u sebi beskrajno znanje, humanost i uneo je u igranje domina nezaboravnu radost i vedrinu.

Poštovani, kao što znate, domino smo igrali u zadnje dve godine i ona nam je donela posebne trenutke – i meni i Mijatu. Uvek me je fascinirala lakoća i inteligencija mog drugara Mijata s kojima je uzimao domino kockice i onda ih slagao onako kako je znao da trebaju da budu složene – u potpunu harmoniju.

I moram da kažem, puno puta smo znali da se pri igranju domina setimo, s uzdahom, naših ostalih članova – sve sada pokojni – što nisu sedeli s nama i uživali u druženju, međusobnom nadmudrivanju i šali. Pri tome Mijat je znao, na primer, da se seti našeg pokojnog drugara Borisa i onda je rekao: „Ah moj Borise! Moj dragi Borise Arnautoviću! Šteta što propuštaš ovu igru! Ti si bio pravi protivnik!" – Tu sam se ja naravno samo prijateljski i dobrodušno nasmejao jer Mijat sigurno NIJE mislio da JA nisam dostojan protivnik. Ne, Mijat je imao posebnu vrstu humora. I samo onaj ko je razumeo njegov humor, mogao je da ostane u našoj grupi. Jer Mijat je ipak finansirao našu malu grupu, sve naše turneje i sve naše piknike. On je bio osnivač naše grupe i naš veliki dobročinitelj.

Dozvolite sada da Vas podsetim na kratku kronologiju našeg društva što se tiče vrste igara koje smo igrali:

Vi sigurno znate da domino nije bila igra zbog koje smo osnovali našu grupu. Mi smo prvo igrali poker. Nas četvorica – Mijat, ja, Boris i Timotije – vežbali smo svaki dan. Ali samo je Mijat postao majstor – Mijata nikada nije niko pobedio. Svi smo gubili jedan od drugog, ali Mijat – on nikada od nikoga. On je bio pravi majstor pokera.

Kad je Timotije, naš četvrti član grupe, umro pre osam godina, ja sam zahtevao da naša grupa – sada samo od tri člana – i dalje postoji, ali sada kao grupa koja igra kanastu. Jer kanastu mogu da igraju već tri igrača. I tako je i bilo. Mi smo igrali kanastu i postali tako nepobedivi u celom gradu da su svi pričali samo o nama.

I onda tragedija! Boris Arnautović – mrtav! Četiri godine posle Timotija i Boris je otišao od nas. Boris je umro dok smo igrali kanastu. Doduše, sretno je umro, brzo, s osmehom na licu – ali ipak je umro i ostavio nas u problemima. Jer kanasta se teško igra u dvoje. I onda sam ja odlučio da se naša grupa ipak ne preda šetnjama i običnim razgovorima kao svi penzioneri, nego da nastavimo dalje da igra, ali sada domino.

I tako smo se mi nalazili kao i pre i igrali domino.

I sada, nakon što je i Mijat otišao, meni je ostala dužnost da nastavim tradiciju naše grupe. Sve što mi preostaje jeste da dalje igram sam. I igraću dalje, u to možete da budete sigurni. I to pasijans.

Pasijans je jedina igra koja zahteva jednog igrača. To je najmanje što mogu da učinim za našu malu grupu koja je shvatila ono što mnogo celog svog života pokušavaju da shvate – da je ceo život jedna velika igra.

Sahrana našeg dragog Mijata Mladenovića održaće se u subotu u 18 časova na Centralnom groblju ispred kapije broj 4.

20

Ostoja Ilić

predsednik grupe „Naše vreme“

Moderna vremena

Imamo li vremena? Ne, nemamo vremena. Ni trenutka više. Ni minutu. Ni sekundu. Sve je nestalo, sve je otišlo bez traga, nemamo više ništa.

I više od toga – ovo je kraj vremena. Sad smo tu gde jesmo. Dakle – nismo nigde. Sve što smo hteli da učinimo – učinili smo. Sve što smo mislili da ostvarimo – ostvarili smo. Sve što smo planirali – iza nas je. Ako mislite da napravite još nešto veoma važno – za to je prekasno. Ako želite da izvedete još nešto važno – gotovo je, za to nemate vremena. Ako ste nešto obećali, ali niste održali – to je sad nepopravljivo.

Shvatite – vreme je otišlo! Mogućnosti su iscrpljene, opcije su mrtve. Svaka daljnja misao nema opravdanja i razloga da egzistira. Svaka daljnja namera nema podloge. Svako opažanje nema značenja. Sve je iza nas, vreme nije na našoj strani. Ono nas je napustilo, svi mi – i Vi i ja – svi smo sada sami, za sva vremena, bez izgovora, bez opravdanja. Mi smo SADA sami.

Ni Vi ni ja ne možemo više da čekamo. Ne možemo više da čekamo jer nema vremena za čekanje. Čekanje je izgubilo svaki smisao i svaki sadržaj. Dano nam je, ali više nam ne može biti dano. Vreme je iskorišćeno i mi ga više ne možemo da iskorištavamo. Ono je potrošeno i čovek ga više ne može da troši. Prokockali smo vreme i ono više ne može biti u igri. Vreme je izgubljeno i čovek ga više ne može da nađe. Možete da ga tražite koliko god želite, ali nećete ga naći. Vreme je nepovratno prošlo, izbrisalo je svoje tragove, ne možemo više da sledimo njegove znakove i ne možemo se nadati da ćemo išta naći šta bi ukazivalo na njegovo postojanje. Vreme više neće da leči naše rane, više nećemo moći da raspoređujemo vreme. Nećemo više moći da ga upisujemo u naše kalendare, blokove i rasporede. Nemamo više vremena za traćenje, a ni vremena za poklanjanje. Nema više vremena za učenje, za plakanje, za kajanje, za radost, za sreću i za bol. Zato što vremena više NEMA.

Zašto? Vreme nas je ostavilo na cedilu kao što smo mi ostavili vreme na cedilu. I to ne jedanput. Hiljadu puta smo mu okrenuli leđa i rekli: „Ne, ja nemam vremena." Samo smo uzimali od vremena, bespoštedno ga iskorištavali kao da je ono naše vlasništvo. Hvalili smo se vremenom kao svojom imovinom: „Da, sad imam vremena." – Kao da je vreme naše vlasništvo! Kao da smo ga mi kupili! Mi smo se pred drugima tako oholo hvalili kako nam je pasalo: „JA sam gospodar mog vremena! Ako želim, imam vremena! Ako mi odgovara, uzeću vremena kako i koliko MENI treba!" I uzimali smo od vremena bez da smo ga pitali, bez da smo mu polagali račune. Tako više ne ide! Sada više NEMAMO vremena.

A vreme nije nikada prigovaralo, nije gunđalo, nije nam reklo jednu reč, ono je celo vreme ćutalo. Sve je ćutke podnosilo. I zato nam je oduzeto – u odbrani svog digniteta i humanosti. Od sada – vreme nam je oduzeto. To se zove – upasti u vlastitu zamku. Vi ste sigurno mislili da je vreme naivno i neiskusno, da može lako da se manipuliše, da može da se razvlači i nateže kako nam paše. Tu ste se malo prevarili. Sada znate – isto kao ja – da smo u vremenskom tesnacu. Za sva vremena.

Koliko puta ste rekli u životu: „Za to nemam vremena!" – A pri tome niste tako mislili. Mislili ste samo kako da idete dalje onako kako Vama paše. I sad vreme kaže NAMA: „Dosta. Za to nemam vremena. Morate da iziđete na kraj bez mene, bez vremena."

To znači: ostali smo bez vremena.

Ispred vremena sigurno nismo i sigurno nećemo ni biti!

Da, to je tužno. Misao koja će u našim glavama još dugo da odzvanja, glasiće: „Zašto sam krao bogu dane? Imao sam vremena koje mi je dano da bih nešto napravio, a ja – šta sam ja napravio?" Mi možemo naravno biti ljuti, besni. Da, i to je mogućnost: „Ali ja nisam znao koliko sam imao vremena! Niko mi to nije rekao!" – Slaba uteha. Niko i nikada ne zna koliko ima vremena – Vi niste izuzetak. A ni ja. Znači, ne možemo se izvlačiti na taj izgovor. Vreme nam nije dužno da daje izveštaj niti da se konsultuje s nama.

Znajte: nemamo više vremena!

Moramo nešto da učinimo!

Moramo da povratimo poverenje vremena i da postupamo s njim sa respektom:

TREBA DA VOLIMO VREME, DA SE DRUŽIMO S NJIM I DA UŽIVAMO U NJEMU!

Krajnje je vreme!

Vremena

Na obali reke sedela je žena i plakala. Bila je sama i veoma nesrećna.

Jedna druga žena došla je do nje i upitala je:

- Zašto plačeš? Šta se dogodilo?

Prva žena je rekla:

- Moja ime je Vreme i mene niko ne voli. Ja nosim sneg i kišu i vetar i jarko sunce i ljudi se uvek tuže na mene. Govore: "Opet taj ružni sneg!", ili "Kad će konačno da prestane da pada ta glupa kiša?", ili "Mnogo je vrelo danas i vreme nam ne da da živimo."

Druga žena je rekla:

- I moje ime je Vreme. I ljudi se isto tako stalno tuže na mene i ne vole me. Govore „Vreme prebrzo prolazi!“ ili „Čovek nema nikad dosta vremena.“

- Ali kako vidim, ti nisi tužna zbog toga. – rekla je prva žena.

- Ne, nisam. – odgovorila je druga žena. – Ja sam deo ljudi i bez mene oni ne mogu da žive. Oni se tuže na mene, ali i vole me.

- Ah, blago tebi! Bez mene ljudi mogu da žive.

- Ne, ne mogu ni bez tebe da žive. Bez toplog sunca, snežnog pokrivača i bez kiše koja daje vodu, ljudi ne mogu da žive.

- Zašto onda ljudi tako govore protiv nas?

- Ljubav je neobična stvar kod ljudi. – rekla je druga žena i nastavila put.

Prva žena se zamislila, pogledala vodu i onda rekla naglas samo za sebe:

- Da, ljudska ljubav je neobična stvar.

The Alphabet in Latin and Cyrillic Script

A, a	B, b	C, c	Č, č	Ć, ć	D, d
= А, а	= Б, б	= Ц, ц	= Ч, ч	= Ћ, ћ	= Д, д

Đ, đ	Dž, dž	E, e	F, f	G, g	H, h
= Ђ, ђ	= Џ, џ	= Е, е	= Ф, ф	= Г, г	= Х, х

I, i	J, j	K, k	L, l	Lj, lj	M, m
= И, и	= Ј, ј	= К, к	= Л, л	= Љ, љ	= М, м

N, n	Nj, nj	O, o	P, p	R, r	S, s
= Н, н	= Њ, њ	= О, о	= П, п	= Р, р	= С, с

Š, š	T, t	U, u	V, v	Z, z	Ž, ž
= Ш, ш	= Т, т	= У, у	= В, в	= З, з	= Ж, ж

Време заувек

Данас имамо нови дан у години 2018. – суботу, 25. септембра.

Али као прво желим да кажем нешто генерално за годину 2018.:

Година 2018. је добар рекорд за ову планету. Изузетан. Још никада до сада се није догодила година 2018. и ми нисмо ништа урадили да би она дошла. Али година је дошла, упркос свему. Ми смо се чак трудили да је игноришемо у нашем животу

– као сведока који зна превише о нашим годинама и о нашој животној биланси. Да је година дошла, то је за честитати, то је велики херојски подвиг. И не само то – година 2018. дели с нама свој историјски подвиг: ове године смо имали још никад доживљени јануар, имали смо непоновљени фебруар, незаборавни март, незамењив мај, јединствени јуни, посебан јули, оригинални август. И они не могу више никад да се понове. И ова субота, 25. септембра, не може више никада да се понови. Она даје цео свој живот само за ова 24 часа у којима ми уживамо. И зато имамо велику част да суделујемо у нечему великом, свежем, неокаљаном, неоткривеном и недирнутом.

Можда још нисте приметили да се данашњи дан – 25. септембра – одржава у оквиру посебне манифестације. Та манифестација се зове ”Традиционални септембарски дани”. И овај дан је такође у знаку те лепе манифестације. У том смислу је договорено да ће ова субота да носи датум 25. септембар. Човек треба да ода поштовање тој манифестацији и треба да је слави на посебан начин. Јер ће у њој да учествују сви људи срцем и душом: поштански службеници ће на свим пошиљкама да ставе штамбиљ овог дана, све новине ће да издају посебна септембарска издања, а и телевизија је припремила посебан септембарски програм. Сваком детету које ће да буде рођено у оквиру ове манифестације, септембар ће бити уписан као његов месец рођења. Као у традицији свих пређашњих година, корисници јавног превоза ће да добију возне карте с посебном ознаком септембра. Све је то разлог за славље и весеље.

Сваки дан долази због нечега. Због чега – то не знамо ујутро. Али многима ће бити увече јасно – зашто је дошла ова субота, 25. септембра 2018. године. Ко воли суботу, томе могу да препоручим да узме баш ову суботу – она ће да му буде верна, следиће га цело време и неће бити остављен на цедилу. Она ће да га одведе тамо, одакле је кренуо – у нулти час, у поноћ. Ако човек није будан у то доба, у поноћ, не треба да буде узнемирен. Субота ће сама да га одведе тамо где је он започео тај дан – у кревет. Тако можемо да закључимо да је данашња субота округла, савршена, потпуна и цела у правом смислу речи. Она нас води ка нашем почетку, а не ка нашем крају.

Они који не знају тачно који је дан данас, за њих имамо разумевања – они знају да је сваки дан добар. За њих је важно да се ради о дану и да је сваки дан део живота. Они и живе неовисно од појединачних дана, живе само зато што воле време без обзира како је оно именовано.

Можда ће данас да пада киша. Али то није разлог за тугу.

Ако ће да пада киша, киша ће падати по ораницама и ливадама, опраће улице и угасити шумске пожаре. Економски гледано то су милијарде и милијарде евра. Највећи кредит добивамо с неба. Без камата. Није ли то разлог за радост и захвалу?

Можда ће данас да сија сунце – што није вероватно јер задњих дана је било прилично хладно. Али можда ће данас ипак да сија сунце. Ко зна. Можда ће нам зима да врати онај сунчани дан из јануара. Сећате се кад је прошле зиме сунце сијало у јануару? Када је сунце ушло у зиму и украло нам један зимски дан? И сада тај сунчани дан можда мора да се врати као бон. Као поклон.

Али да не дужим – ова субота је већ рођена као чудо, пуна тајни, загонетки, мистерија и изненађења. Овај дан је као велики хлеб који ће нас да учини ситима. Можда ћете хтети да прогласите овај дан као властити успех и победу. – Е то не иде. То није Ваша победа нити Ваш успех. Али Ви сте обавезни да суделујете у њему и да дате све од себе. ТО је Ваш успех и победа у овом дану.

Време ујутро

Ах, како је лепо бити у кревету и спавати!... Поготово ујутро, када је напољу још увек ноћ и хладно је. Још када пада снег, онда је спавање лепше од најлепшег рођендана.

Лежиш у кревету и твој јорган те греје. Греје? Не, он то мази. Он ти говори како те воли и како жели да останеш у кревету.

Мој јорган ми говори, на пример, тако тихо да само ја могу да разумем: ”Луција, остани са мном… Тако нам је лепо!... Немој да устанеш и оставиш ме. Немој да идеш на посао. Видиш како нам је угодно и фино…” Реците, ко може да одоли таквим речима? Ко жели да иде напоље у ноћ и хладноћу? Кад је његов кревет тако веран.

Али немојте да мислите да сам ја слаб карактер. Не, нисам.

Ја наравно мичем јорган, седам на кревет и кратко размишљам. Да, посао. Требам на посао. И то кратко размишљање, да, тих пар секунди, мој кревет почиње да плаче. Да, знам да то звучи лудо, али то је истина. Ја не знам како је то с вама, али мој кревет је веома несрећан када ја устанем и желим да га оставим. Он ме пита: "Луција, хоћеш да ми кажеш да ти је лепше бити негде друге, а не са мном? Ха?" И онда још мало плаче. Мој топли нежни верни кревет.

И шта ја могу да урадим?

Јављам на послу да је велики прометни застој у граду и да ћу да касним на посао. Да, застој, ноћ је, возачи су нервозни јер су морали да устану још док је ноћ. А и хладно је, новембарско време, ветар је већ одавно донео мирис зиме.

Време у сну

Сан је необична ствар. То свако зна. Али за мене сан је необичан јер је у сну време веома интересантно. Када човек сања, онда се с временом догађа чудна трансформација. Време нестане или се убрза.

Убрзава се онда када имамо осећај да каснимо и да нисмо нешто урадили на време. Не у сну, него у јави. Знате ли онај сан када покушавате негде да дођете или нешто да урадите а то не успевате? Сигурно познајете такву ситуацију. Ја је познајем веома добро. И не волим такве ситуације. А такве ситуације сањам често. Морам нешто да урадим што је немогуће и то не успевам. Мислим, можда је то и могуће, али због тога што касним, то не успевам. И онда се питам у чему је проблем? У мени и мојој неспособности или у времену и његовој природи? Ако сам ја проблем, онда морам ја да се мењам – ако је проблем у времену, онда то није мој проблем. Ја сам способна, али време једноставно није на мојој страни.

Најзад сам јуче сањала сан који ми је дао одговор на ту моју дилему.

Сањала сам да сам била на градској плажи на мору. Хтела сам да се окупам и спустила сам се степеницама у море. Но кад сам хтела да закорачим на задњи степеник, изненада сам у рукама држала конопац који је био привезан на неки велики глисер. Погледала сам ноге: на ногама сам имала скије за скијање на води. И пре но што сам могла ишта даље да помислим, већ ме је глисер вукао по води.

Био је то врло угодан осећај, то скијање на води. Летела сам изнад воде. Био ми је то потпуно нови осећај пошто се никад у животу нисам скијала на води.

Глисер ме је сигурно вукао, ветар је пролазио кроз моје тело као да га немам, а равна површина мора је – зачудо – остајала после мене онаква каква је и била. То знам јер сам се једном окренула и погледала море. ”Можда немам тела?”, пало ми је на памет у том тренутку. ”Можда уопште не постојим ако не остављам трагове?”

Но добро сам знала да постојим. Најсигурнија ствар на свету је да постојиш у свом сну. Све остало је илузија.

Потом сам осетила како је време стало. Не знам како сам то знала, али – једноставно сам знала. И то је лепо у сновима: знаш нешто а да не знаш како то знаш.

И онда – онда се појавила веома необична слика:

Видела сам на обали мора много људи. Људи су стајали и нешто су говорили. Сви су гледали мене и глисер. Они су били далеко, али ја сам видела да су били весели. Коментарисали су очито моје скијање. Неки људи су аплаудирали. Како је то било лепо!

Свако воли да му се аплаудира кад нешто лепо и добро уради, зар не? Свако воли да изгледа успешан. Ја нисам изузетак. Ја иначе добивам само критике и јако сам несрећна због тога. Мој шеф често виче, није никад задовољан с мојим послом. Моја породица је престала да говори како нешто добро радим. Ја знам да ме моја породица воли, али комплименте од ње нисам дуго добила.

Одмах потом сам се пробудила.

Прво што сам помислила је било:

”Крајње је време да променим себе: треба да нађем нови посао и да разговарам с мојом породицом.

Време није ништа криво.”

”Наше време”

”Поштоване даме и господо,

Морам да Вам саопштим да је прошле недеље након кратке и неочекиване болести умро Мијат Младеновић, наш драги колега и последњи члан групе ”Наше време”. Ја, Остоја Илић, као председник наше групе за играње домина, имам тужну обавезу да Вам кажем да смо изгубили визионара и изузетног човека. Он је био изузетан талент, носио је у себи бескрајно знање, хуманости и унео је у играње домина незаборавну радост и ведрину.

Поштовани, као што знате, домино смо играли у задње две године и она нам је донела посебне тренутке – и мени и Мијату. Увек ме је фасцинирала лакоћа и интелигенција мог другара Мијата с којима је узимао домино коцкице и онда их слагао онако како је знао да требају да буду сложене – у потпуну хармонију.

И морам да кажем, пуно пута смо знали да се при игрању домина сетимо, с уздахом, наших осталих чланова – све сада покојни – што нису седели с нама и уживали у дружењу, међусобном надмудривању и шали. При томе Мијат је знао, на пример, да се сети нашег покојног другара Бориса и онда је рекао: ”Ах мој Борисе! Мој драги Борисе Арнаутовићу! Штета што пропушташ ову игру! Ти си био прави противник!” – Ту сам се ја наравно само пријатељски и добродушно насмејао јер Мијат сигурно НИЈЕ мислио да ЈА нисам достојан противник. Не, Мијат је имао посебну врсту хумора. И само онај ко је разумео његов хумор, могао је да остане у нашој групи. Јер Мијат је ипак финансирао нашу малу групу, све наше турнеје и све наше пикнике. Он је био оснивач наше групе и наш велики доброчинитељ.

Дозволите сада да Вас подсетим на кратку кронологију нашег друштва што се тиче врсте игара које смо играли:

Ви сигурно знате да домино није била игра због које смо основали нашу групу. Ми смо прво играли покер. Нас четворица – Мијат, ја, Борис и Тимотије – вежбали смо сваки дан. Али само је Мијат постао мајстор: Мијата никада није нико победио. Сви смо губили један од другог, али Мијат – он, никада од никога. Он је био прави мајстор покера.

Кад је Тимотије, наш четврти члан групе, умро пре осам година, ја сам захтевао да наша група – сада само од три члана – и даље постоји, али сада као група која игра канасту. Јер канасту могу да играју већ три играча. И тако је и било. Ми смо играли канасту и постали тако непобедиви у целом граду да су сви причали само о нама.

И онда трагедија! Борис Арнаутовић – мртав! Четири године после Тимотија и Борис је отишао од нас. Борис је умро док смо играли канасту. Додуше, сретно је умро, брзо, с осмехом на лицу – али ипак је умро и оставио нас у проблемима. Јер канаста се тешко игра у двоје. И онда сам ја одлучио да се наша група ипак не преда шетњама и обичним разговорима као сви пензионери, него да настави даље да игра, али сада домино.

И тако смо се ми налазили као и пре и играли домино.

И сада, након што је и Мијат отишао, мени је остала дужност да наставим традицију наше групе. Све што ми преостаје јесте да даље играм сам. И играћу даље, у то можете да будете сигурни. И то пасијанс.

Пасијанс је једина игра која захтева једног играча. То је најмање што могу да учиним за нашу малу групу која је схватила оно што многи целог свог живота покушавају да схвате – да је цео живот једна велика игра.

Сахрана нашег драгог Мијата Младеновића одржаће се у суботу у 18 часова на Централном гробљу испред капије број 4.

Остоја Илић,

председник групе ”Наше време”

Модерна времена

Имамо ли времена? Не, немамо времена. Ни тренутка више. Ни минуту. Ни секунду. Све је нестало, све је отишло без трага, немамо више ништа.

И више од тога – ово је крај времена. Сад смо ту где јесмо. Дакле – нисмо нигде. Све што смо хтели да учинимо – учинили смо. Све што смо милили да остваримо – остварили смо. Све што смо планирали – иза нас је. Ако мислите да направите нешто веома важно – за то је прекасно. Ако желите да изведете још нешто важно – готово је, за то немате времена. Ако сте нешто обећали, али нисте одржали – то је сад непоправљиво.

Схватите – време је отишло! Могућности су исцрпљене, опције су мртве. Свака даљња мисао нема оправдања и разлога да егзистира. Свака даљња намера нема подлоге. Свако опажање нема значења. Све је иза нас, време није на нашој страни. Оно нас је напустило, сви ми – и Ви и ја – сви смо сада сами, за сва времена, без изговора, без оправдања. Ми смо сада сами.

Ни Ви ни ја не можемо више да чекамо. Не можемо више да чекамо јер нема времена за чекање. Чекање је изгубило сваки смисао и сваки садржај. Дано нам је, али више нам не може бити дано. Време је искоришћено и ми га више не можемо да искориштавамо. Оно је потрошено и човек га више не може да троши. Прокоцкали смо време и оно више не може бити у игри. Време је изгубљено и човек га више не може да нађе. Можете да га тражити колико год желите, али нећете га наћи. Време је неповратно прошло, избрисало је своје трагове, не можемо више да следимо његове знакове и не можемо се надати да ћемо ишта наћи шта би указивало на његово постојање. Време више неће да лечи наше ране, више нећемо моћи да распоређујемо време. Нећемо више моћи да га уписујемо у наше календаре, блокове и распореде. Немамо више времена за траћење, време за поклањање. Нема више времена за учење, за плакање, за кајање, за радост, за срећу и за бол. Зато што времена више НЕМА.

Зашто? Време нас је оставило на цедилу као што смо ми оставили време на цедилу. И то не једанпут. Хиљаду пута смо му окренули леђа и рекли: ”Не, ја немам времена.” Само смо узимали од времена, беспоштедно га искориштавали као да је оно наше власништво. Хвалили смо се временом као својом имовином: ”Да, сад имам времена.” – Као да је време наше власништво! Као да смо га ми купили! Ми смо се пред другима тако охоло хвалили како нам је пасало: ”ЈА сам господар мог времена! Ако желим, имам времена! Ако ми одговара, узећу времена како и колико МЕНИ треба!” И узимали смо од времена без да смо га питали, без да смо му полагали рачуне. Тако више не иде! Сада више НЕМАМО времена.

А време није никада приговарало, није гунђало, није нам рекло једну реч, оно је цело време ћутало. Све је ћутке подносило. И зато нам је одузето – у одбрани свог дигнитета и хуманости. Од сада – време нам је одузето. То се зове – упасти у властиту замку. Ви сте сигурно милили да је време наивно и неискусно, да може лако да се манипулише, да се може да се развлачи и натеже како нам паше. Ту сте се мало преварили. Сада знате – исто као ја – да смо у временском теснацу. За сва времена.

Колико пута сте рекли у животу: ”За то немам времена!” – А при томе нисте тако мислили. Мислили сте само како да идете даље онако како Вама паше. И сада време каже НАМА: ”Доста. За то немам времена. Морате да изиђете на крај без мене, без времена.” То значи: остали смо без времена.

Испред времена сигурно нисмо и сигурно нећемо ни бити!

Да, то је тужно. Мисао која ће у нашим главама још дуго да одзвања, гласиће: ”Зашто сам крао богу дане? Имао сам времена које ми је дано да бих нешто направио, а ја – шта сам ја направио?” Ми можемо наравно бити љути, бесни. Да, и то је могућност: ”Али ја нисам знао колико сам имао времена! Нико ми то није рекао!” – Слаба утеха. Нико и никада не зна колико има времена – Ви нисте изузетак. А ни ја. Значи, не можемо се извлачити на тај изговор. Време нам није дужно да даје извештај нити да се консултује с нама.

Знајте: немамо више времена!

Морамо нешто да учинимо!

Морамо да повратимо поверење времена и да поступамо с њим с респектом:

ТРЕБА ДА ВОЛИМО ВРЕМЕ, ДА СЕ ДРУЖИМО С ЊИМ И ДА УЖИВАМО У ЊЕМУ!

Крајње је време!

Времена

На обали реке седела је жена и плакала. Била је сама и веома несрећна.

Једна друга жена дошла је до ње и упитала је:

- Зашто плачеш? Шта се догодило?

Прва жена је рекла:

- Моје име је Време и мене нико не воли. Ја носим снег и кишу и ветар и јарко сунце и људи се увек туже на мене. Говоре: ”Опет тај ружни снег!”, или ”Кад ће коначно да престане да пада та глупа киша?”, или ”Много је врело данас и време нам не да да живимо.”

Друга жена је рекла:

- И моје име је Време. И људи се исто тако стално туже

на мене и не воле ме. Говоре ”Време пребрзо пролази!” или ”Човек нема никад доста времена.”

- Али како видим, ти ниси тужна због тога. – рекла је прва жена.

- Не, нисам. – одговорила је друга жена. Ја сам део људи и без мене они не могу да живе. Они се туже на мене, али и воле ме.

- Ах, благо теби! Без мене људи могу да живе.

- Не, не могу ни без тебе да живе. Без топлог сунца, снежног покривача и без кише која даје воду, људи не могу да живе.

- Зашто онда људи тако говоре против нас?

- Љубав је необична ствар код људи. – рекла је друга жена и наставила пут.

Прва жена се замислила, погледала воду и онда рекла наглас само за себе:

- Да, људска љубав је необична ствар.

Vocabulary

Abbreviations:
acc. – accusative
coll. – colloquial language
dat. – dative
f – female
gen. – genitive
inf. – infinitive
inst. – instrumental
loc. – locative
m – male
n – neuter
N – nominative
pfv. a. – perfective aspect
pl. – plural
PPA – past participle active
sg. – singular
voc. – vocative

B

baš – just, but, of all things

beskrajan/beskrajna/beskrajno – endless, boundless

besni (pl.) – angry, furious

bespoštedno – merciless

Blago tebi! – Lucky you!

bol – pain

bolest – sickness

budan – awake

C

cedilo → ostaviti nekoga na cedilu – to let someone down

Č

čak – even

čekanje – waiting

čekati, ja čekam – to wait

čestitati, ja čestitam – to congratulate

član (pl. članovi) – member

čovek – man; one

čudan/čudna/čudno – unusual, strange

čudo – miracle

Ć

ćutati, ja ćutim – to silence

ćutke – silent

da – lets; vreme nam ne da da živimo. – The weather doesn´t let us live.

daljnja (f) – further

Dano nam je. – It was given to us.

dati sve od sebe – to give the best of oneself

deliti, ja delim – to share

deo (pl. delovi) – part

detetu → N: dete – child

dobivati, ja dobivam – to get

dobročinitelj – benefactor

dobrodušno – benevolent

dogovoreno – agreed, arranged

dok – during

domino – domino (*game*)

doneo → inf. doneti, ja donesem (*pfv. a.*) – to bring, to bring with

dostojan – worthy

došla – come; inf. doći, ja dođem (*pfv. a.*) – to come, to arrive

doživljen – experienced

drugar – friend, colleague

društvo – company

druženje – keeping company

družiti se, ja se družim – to keep company (with so.)

dužiti, ja dužim – to draw to length; Da ne dužim… - Long story short…

dvoje – the two; u dvoje – in twos

E

E to ne ide. – But this is not possible.

G

glasiti, ja glasim → Misao u našim glavama glasiće:… - The thought in our minds will be:…

gledano – seen; ekonomski gledano – from an economic perspective

gliser – fast boat for water skiing

glup – stupid

god → koliko god želite – as much as you want

gospodar – master

gradska plaža – public lido

grejati, ja grejem – to warm

gubiti, ja gubim – to lose

gunđati, ja gunđam – to nag

herojski podvig – heroic deed

historijski podvig – historical feat

hvaliti se, ja se hvalim – to show off, to make oneself important

igra – game

igrač – player

igranje – playing

imenovan – named, called

imovina – property

iskorišćeno – exploited

iskorištavati, ja iskorištavam – to exploit, to take advantage

išta – anything

izdati, ja izdam (*pfv. a.*) – to bring out

izbrisati, ja izbrišem (*pfv. a.*) – to blur

izdanje – issue, edition

izgovor – excuse

izgubiti, ja izgubim (*pfv. a.*) – to lose

izgubljen – lost

između ostalog – among other things

iznenađenje – surprise

izuzetak – exception

izuzetan – extraordinary

izvedete → inf. izvesti, ja izvedem (*pfv. a.*) – to finish, to execute, to make

izveštaj – report

izvlačiti se na izgovor – to invoke an unconvincing excuse

J

jarko – glowing, very hot; jarko sunce – the glowing sun

java – awake state, wakefulness (*contrast to dream*)

javni prevoz – public transport

jedanput – only once

jedinstven – unique, one of a kind

jorgan – bedcover

K

kajanje – remorse

kanasta – canasta (*card game*)

kao da – as if

kapija – gate

kasniti, ja kasnim – to be late

kockica → domino kockica – domino gaming piece

konačno – at last

konopac – rope, line

korisnici → korisnici javnog prevoza – public transport user

kraj – end

krajnje vreme – high time

krao Bogu dane → inf. krasti Bogu dane, ja kradem Bogu dane – to steal time from the good Lord

krenuti, ja krenem – to go off, to set off

krevet – bed

krivo – wrong; Vreme nije ništa krivo. – Time is not to blame.

L

lakoća – easiness, lightness

lečiti, ja lečim – to heal; Vreme leči rane. – Time heals all wounds.

letela → inf. leteti, ja letim – to fly; PPA – leteo/letela/letelo

livada – meadow

LJ

ljudska ljubav – human love

M

maziti, ja mazim – to cuddle

međusobno – mutual, reciprocal

menjati se, ja se menjam – to change

mesec rođenja – mont of birth

mičem —→ inf. micati, ja mičem – to do away, to move, to remove

misao – thought

mrtav/mrtva/mrtvo – dead

N

nadati se, ja se nadam – to hope

nadmudrivanje – outsmarting

nađem —→ inf. naći, ja nađem (*pfv. a.*) – to find

naglas – loud

naivno (n) – naive

najzad – finally

nalaziti se, ja se nalazim – to meet with sb. (*intentionally*)

namera – intention

napraviti, ja napravim (*pfv. a.*) – to make, to do

nasmejati se, ja se nasmejem (*pfv. a.*) – to laugh

nastaviti, ja nastavim (*pfv. a.*) – to continue

nebo – sky

nečega —→ Svaki dan dolazi zbog nečega. – Every day comes for a reason.

nedirnut – untouched

negde – somewhere, somewhere else

neiskusno (n) – inexperienced

nemoguće – impossible

neobičan/neobična/neobično – unusual

neočekivan – unexpected

neokaljan – unstained, spotless

neotkriven – not discovered, undiscovered

neovisno – independent

nepobediv – invincible

neponovljen – unrepeatable

nepopravljivo – irreparable, incorrigible

nepovratno – irretrievable

nesposobnost – inability

nestati, ja nestanem (*pfv. a.*) – to disappear

nezaboravan/nezaboravna/nezaboravno – unforgettable

nezamenjiv – irreplaceable

nežni – tender

ni – ni = neither – nor

nigde – nowhere

niko – nobody

niti – neither

nulti čas – zero hour

O

obaveza – duty

obavezati se, ja se obavežem (*pfv. a.*) – to obligate oneself, to pledge oneself

obećati, ja obećam (*pfv. a.*) – to promise

očito – obviously

oda → čovek treba da oda poštovanje – you should pay respect

odavno – already

odbrana – defense

odgovarati, ja odgovaram – to answer; to fit; Odgovara mi. – That´s fine with me.

odlučiti, ja odlučim (*pfv. a.*) – to decide

odoleti, ja odolim (*pfv. a.*) – to resist

održati se, ja se održim (*pfv. a.*) – to take place

održati, ja održim (*pfv. a.*) – to keep; održati što je obećano – to keep what was promised

održavati se, ja se održavam – to take place

oduzet – taken away

odvede → inf. odvesti, ja odvedem (*pfv. a.*) – to bring, to lead, to take away

odzvanjati, ja odzvanjam (*pfv. a.*) – to resound, to echo

oholo – haughtily, arrogant

okrenuti leđa, ja okrenem leđa (*pfv. a.*) – to turn one´s back

okrenuti se, ja se okrenem – to turn around

okrugao/okrugla/okruglo – round

okupati se, ja se okupam (*pfv. a.*) → Htela sam da se okupam. – I wanted to swim.

okvir – frame; u okviru – as a part of

opažanje – perception

oprati, ja operem (*pfv. a.*) – to wash

opravdanje – justification

oranica – farmland

osećaj – feeling

osnovati, ja osnujem (*pfv. a.*) – to found

ostajati, ja ostajem – to stay, to remain

ostvariti, ja ostvarim (*pfv. a.*) – to accomplish

otišao → inf. otići, ja odem (*pfv. a.*) – to go away; PPA – otišao/otišla/otišlo; on je otišao od nas – he has left us for good

oznaka – label, designation, sign

P

pasati, ja pašem (*coll.*) – to fit; To mi paše. – That´s okay for me.

pasijans – patience (*card game*)

paše (*coll.*) – fits; inf. pasati, ja pašem – to pass; To mi ne paše. –

That´s not okay with me.

pesnik – poet

pisac – writer

plače → inf. plakati, ja plačem – to cry

plakanje – crying

pobediti, ja pobedim (*pv. a.*) – to defeat

pobeda – victory

početak – beginning, start

podloga – foundation

podnositi, ja podnosim – to bear, to endure

podsetiti, ja podsetim (*pfv. a.*) – to remember, to bring to mind

podvig – great achievement

pojedinačan/pojedinačna/pojedinačno – single

poklanjanje – giving away

poklon – gift

pokojni – deceased

pokrivač – blanket; snežni pokrivač – snow cover

pokušavati, ja pokušavam – to try

polagati račun – to bill

ponoć – midnight

ponoviti, ja ponovim (*pfv. a.*) – to repeat

poseban – special

postojanje – existence

postojim → inf. postojati, ja postojim – to exist

postupati s(a) respektom – to treat respectfully

posvećeno – dedicated

pošiljka – postal item

poštanski službenici (pl.) – postal worker

pošto – because

potom – afterwards

potpun – completely

potrošen – used up

poverenje – trust

povratiti poverenje – to regain trust

površina – surface

poznat po – famous for, known for

požar – brandfire

pred = ispred – in front of

predati se šetnjama – to engage oneself with walks

predsednik – chairman

pređašnja godina – last year

prekasno – too late

preostaje → sve što mi preostaje – all that+s left for me

preporučiti, ja preporučim (*pfv. a.*) – to recommend

prestati, ja prestanem (*pfv. a.*) – to stop

prevoz → javni prevoz (sg.) – public transport

prigovarati, ja prigovaram – to complain, to criticize

prijateljski – friendly

primetiti, ja primetim (*pfv. a.*) – to notice

pripremiti, ja pripremim (*pfv. a.*) – to prepare

priroda – nature

privezan – tied

probuditi se, je se probudim (*pfv. a.*) – to wake up

proglasiti, ja proglasim (*pfv. a.*) – to declare, to exclaim

prokockati, ja prokockam (*pfv. a.*) – to gamble

prolaziti, ja prolazim – to go through; to go by, to pass

prometni zastoj – traffic jam

propuštati, ja propuštam – to miss

prošle zime – last winter

protivnik – opponent, rival

R

radi se o – it is about; Važno je da se radi o danu. – It´s all about the day.

radost (f) – joy

rana – wound

raspored – timetable, schedule

raspoređivati, ja raspoređujem – to arrange, to order

ravna (f) – flat

razlog – reason

razumevanje – understanding

reč – word; ono nije reklo jednu reč – it didn´t say a word

ružni (m) – ugly

S

sadržaj – content

sahrana – funeral

sam/sama/samo – alone; by oneself

san – dream

sanjati, ja sanjam – to dream

saopštiti, ja saopštim (*pfv. a.*) – to tell, to inform, to announce

savršen – perfect

sebe – oneself

sećati se, ja se sećam – to remember

sedam → inf. sedati, ja sedam – to sit down

setiti se, ja se setim (*pfv. a.*) – to remember

shvatiti, ja shvatim (*pfv. a.*) – to comprehend, to understand

sijati, ja sijam – to shine

skijanje – skiing; skijanje na vodi – water ski

skije (pl.) – ski

slagati, ja slažem – to bring together, to put together

slaviti, ja slavim – to celebrate

slavlje – party, celebration

slediti, ja sledim – to follow

smisao – sense

smislu → u pravom smislu reči – in the truest sense of the word; u tom smislu – in the same vein, in this spirit

snežni pokrivač – snow cover

snu → N: san – dream

spustiti se, ja se spustim (*pfv. a.*) – to go down

srcem i dušom – with body and soul

sreća – happiness; luck

stalo → inf – stati, ja stanem – to stand still; PPA – stao/stala/stalo

stepenicama – stairs, staircase

strana – side; biti na mojoj strani – to be on my side

sudelovati, ja sudelujem – to participate

sunce – sun

sunčani dan – sunny day

svedok – witness

Š

šala – joke

štambilj – stamp

Šteta! – Pity!

T

tajna – secret

telo – body

tesnac – tightness; biti u vremenskom tesnacu – being in a time crunch

tiče → što se tiče toga – as far as that concerned, for that matter

traćenje – waste

trag (pl. tragovi) – trace

trošiti, ja trošim – to spend

truditi se, ja se trudim – to make an effort

tuga – grief

tužan/tužna/tužno – sad

tužiti se, ja se tužim – to complain

U

ubrzati se, ja se ubrzam (*pfv. a.*) – to accelerate

učenje – learning

učestvovati, ja učestvujem – to participate

učiniti sitima – to make full, to sate

ugasiti, ja ugasim (*pfv. a.*) – to extinguish

ukazivati, ja ukazujem – to point out

ukralo → inf. ukrasti, ja ukradem (*pfv. a.*) – to steal

umro → inf. umreti, ja umrem (*pfv. a.*) – to die; PPA – umro/umrla/ umrlo

uneo → inf. uneti, je unesem (*pfv. a.*) – to bring in

upisan – registered

upisivati, ja upisujem – to register

uprkos svemu – despite everything

uraditi, ja uradim (*pfv. a.*) – to do, to make

uspeh – success

uspešan/uspešna/uspešno – succeed

uspevati, ja uspevam – to make, to succeed

uteha – comfort

uzdah – sigh

uznemiren – troubled

V

vedrina – serenity

vera – faith

verni – loyal

verovatno – probably

veselje – joy

vetar – wind

vlasništvo – property

vlastiti – own

vozna karta – ticket

vrelo – hot

vreme – time; weather; na vreme – in time

vreme → Krajnje je vreme. – It´s high time.

vremena → biti ispred vremena – to be ahead of one´s time, to be a visionary

vremena → za sva vremena – forever

vrsta – species, genus, variety

vukao → inf. vući, ja vučem – to pull; PPA – vukao/vukla/vuklo

Z

začudo – amazingly, surprisingly

zadnji – last

zadnjih dana – in the last days

zagonetka – riddle

zahtevati, ja zahtevam – to demand

zahvala – thankyou, gratitude

zaključiti, ja zaključim (*pfv. a.*) – to conclude

zakoračiti, ja zakoračim (*pfv. a.*) – to stride, to take a step

zamisliti se, ja se zamislim (*pfv. a.*) – to immerse oneself in thoughts

zamka – trap; upasti u (vlastitu) zamku – to fall into one´s own trap

zastoj → prometni zastoj – traffic jam

zbog čega – zbog toga = why – because of

zbog toga što – because

zimski dan – winter day

značenje – meaning

znak (pl. znakovi) – sign

znanje – knowledge

READING BOOKS

Level A1 Beginners = Novice Low/Mid/High

Snežana Stefanović: Serbian Reading Book "Idemo dalje 1"
paperback, e-book, audiobook, interactive e-book with audio

Snežana Stefanović: Trifun i mali fudbaleri – Short Story
paperback & e-book

Snežana Stefanović: Serbian Reading Book "Idemo dalje 2"
paperback, e-book, audiobook, interactive e-book with audio

Level A2 = Intermediate Low

Snežana Stefanović: Serbian Reading Book "Idemo dalje 3"
 paperback & e-book

Snežana Stefanović: Jokes and Anecdotes in Serbian - Part 1
paperback & e-book

Snežana Stefanović: Jokes and Anecdotes in Serbian - Part 2
paperback & e-book

Level A2 – B1 = Intermediate Mid/High

Snežana Stefanović: Serbian Reading Book "Idemo dalje 4"
paperback & e-book

<u>*Level C1 = Advanced High*</u>

Snežana Stefanović: Vreme – Short Stories
paperback & e-book

TEXTBOOKS

Snežana Stefanović: Learn Serbian Cyrillic
paperback & e-book

Snežana Stefanović: Serbian Vocabulary Practice A1 to the Book
"Idemo dalje 1" - Latin Script
paperback & e-book

Snežana Stefanović: Serbian Vocabulary Practice A1 to the Book
"Idemo dalje 1" - Cyrillic Script
paperback & e-book

Snežana Stefanović: Serbian Vocabulary Practice A1 to the Book
"Idemo dalje 2" - Latin Script
paperback & e-book

Snežana Stefanović: Serbian Vocabulary Practice A1 to the Book
"Idemo dalje 2" - Cyrillic Script
paperback & e-book

Snežana Stefanović: Serbian Simple Sentences 1
paperback, e-book, audiobook, interactive e-book with audio

Snežana Stefanović: Serbian Simple Sentences 2
paperback & e-book

Snežana Stefanović: Serbian Small Travel Vocabulary
e-book

Visit us on www.serbian-reader.com

www.ingramcontent.com/pod-product-compliance
Lightning Source LLC
LaVergne TN
LVHW041230200726
843507LV00013B/2641